„HATTEST DU EIGENTLICH SCHON DIE OPERATION?"

PEER JONGELING

HALLO ICH BIN PEER! IN DIESEM HEFT HABE ICH MEHRERE KURZGESCHICHTEN ZUM THEMA TRANSIDENTITÄT ZUSAMMENGEFASST. SIE BASIEREN AUF WAHREN BEGEBENHEITEN UND VERARBEITEN SOWOHL ERFAHRUNGEN VON TRANS-PERSONEN ALS AUCH PERSÖNLICHE ERLEBNISSE.
DIE PROTAGONISTEN SIND FREI ERFUNDEN UND STELLEN KEINE ECHTEN PERSONEN DAR. EBENSO SIND SIE INDIVIDUELLE CHARAKTERE UND KEINE VERALLGEMEINERNDE REPRÄSENTATION VON TRANSIDENTEN MENSCHEN. TSCHÜSS UND VIEL SPASS.

MAMA ICH BIN KEINE FRAU UND ICH MÖCHTE AB JETZT ALS MANN LEBEN.
ICH BIN TRANSGENDER!

WAS IST DENN TRANSGENDER?

SO HABE ICH MICH VOR ZWEI JAHREN BEI MAMA GEOUTET.

ES WAR FÜR UNS BEIDE NICHT LEICHT.

TUT DIR DAS WEH?

WIR WUSSTEN BEIDE NOCH NICHT WAS ES BEDEUTET TRANS ZU SEIN.

BRAUCHE ICH EINEN PENIS?

ES GEHT UM VIEL MEHR ALS MEINEN KÖRPER.

ICH FÜHLTE MICH OFT UNVERSTANDEN.

LEIDER TRAUEN SICH VIELE NICHT EINFACH ZU FRAGEN.

ANDERE FRAGEN ZU DIREKT.

ICH MÖCHTE NICHT ALLES BE-ANTWORTEN.

STATTDESSEN WILL ICH ERKLÄREN, WIESO MANCHE FRAGEN UNANGENEHM SIND.

SHOPPING MIT LILLY

SHOPPING IST NICHT IMMER LEICHT.

LANGE HATTE ICH ANGST VOR DER DAMENABTEILUNG.

WER HAT BESCHLOSSEN, DASS KLEIDUNG EIN GESCHLECHT HAT?

DAS IST DOCH NUR STOFF!

ABER VERSUCH MAL DAMENSCHUHE IN 48 ZU FINDEN.

TEUER €

UND WIESO KOSTET HIER ALLES MEHR?

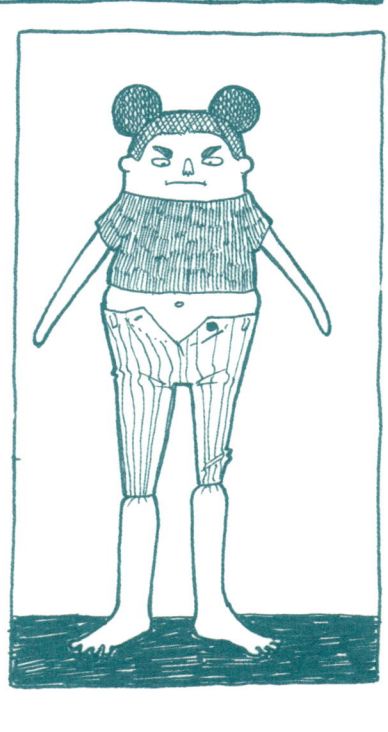

ARIS ÄRZTEHORROR

TELEFONIEREN FAND ICH SCHON IMMER SCHRECKLICH.

FRÜHER HAB ICH MICH MIT MEINER HOHEN STIMME UNWOHL GEFÜHLT.

DANK HORMONTHERAPIE BIN ICH JETZT IM STIMMBRUCH.

DENNOCH SIND MANCHE ANRUFE KOMPLIZIERT.

EINMAL JÄHRLICH VORSORGE BITTE!

GYNÄKOLOGISCHE PRAXIS, JA BITTE?

ICH... ÄHM... WILL EINEN TERMIN!

AHA. IHNEN IST BEWUSST, DASS DIES EINE FRAUENARZT-PRAXIS IST?

ÄHM... ICH HAB HALT EINE TIEFE STIMME.

NA GUT. WIE IST DENN IHR NAME?

ARI.

OKAY FRAU ARI, KOMMEN SIE BITTE IN ZWEI WOCHEN VORBEI.

ICH MÖCHTE DIE UNTERSUCHUNG ABBRECHEN.

ICH FÜHLE MICH NICHT WOHL.

UND ÄH...

MEIN NAME IST ARI UND ICH BITTE SIE DAS ZU RESPEKTIEREN!

SEIEN SIE DOCH NICHT SO EMPFINDLICH.

MITTLERWEILE BIN ICH BEI EINER GYNÄKOLOGIN DIE MICH MIT RESPEKT BEHANDELT.

ICH HABE DAS RECHT AUF MEINEN NAMEN ZU BESTEHEN.

EIN NEUER NAME

STAND 2018

REIN RECHTLICH KANN MAN SEINEN VORNAMEN UND PERSONENSTAND JEDERZET ÄNDERN.

FRÜHER WAR DAFÜR NOCH UNFRUCHTBARKEIT VORAUSSETZUNG.

ERST SEIT 2011 MUSS MAN SICH NICHT MEHR OPERIEREN.

DAS TRANSSEXUELLEN-GESETZ IST IMMER NOCH STRENG.

UND OHNE PROZESSKOSTENHILFE IST ES OFT TEUER.

ZUERST SCHRIEB ICH EINEN BRIEF ANS AMTSGERICHT. KURZ DANACH KAM EINE EINLADUNG ZUR ANHÖRUNG.

MEIN ZWEITES GUTACHTEN WAR ZUM GLÜCK WENIGER INTIM.

VIELE GUT- ACHTER SIND SEHR NETT.

DENNOCH WERDEN VIEL ZU INTIME INFORMATIONEN VERLANGT.

DIE ANGST VOR EINEM NEGATIVEN GUTACHTEN IST GROSS.

TROTZDEM KANN MAN IMMER NEIN SAGEN.

NEIN!

UND EINIGE MONATE SPÄTER HATTE ICH DEN POSITIVEN GERICHTSBESCHLUSS!

ICH HABE KEINE DER SEXUELLEN FRAGEN BEANTWORTET.

DAMIT KONNTE ICH MEINEN AUSWEIS ÄNDERN.

PAUL

UND MEINE VERSICHERTENKARTE, DEN MIETVERTRAG, DIE KONTODATEN, ZEUGNISSE, FÜHRERSCHEIN...

BETTGESPRÄCHE

FESTE BEZIEHUNGEN UND MONOGAMIE SIND NICHTS FÜR MICH.

AB UND ZU VERABREDE ICH MICH ONLINE AUF EIN DATE.

ERST LETZTENS HABE ICH JEMANDEN KENNENGELERNT.

WIR TRAFEN UNS BEI IHM.

WURDEST DU EIGENT-LICH ALS FRAU ODER ALS MANN GEBOREN?

DAS IST DOCH EGAL!

WICHTIG IST, WER ICH JETZT BIN.

DER STAR
AUF DER PARTY

EIGENTLICH MAG ICH KEINE HAUSPARTIES.

WIESO BEGINNEN DIE WENN ICH NORMALER-WEISE SCHLAFE?

PAUL HAT MICH ÜBERREDET.

KIOSK

AUSWEIS BITTE.

DAS IST NUR RADLER...

OHA!

ICH HÄTTE DICH AUF VIERZEHN GESCHÄTZT.

JA, PASSIERT MIR ÖFTER...

KOMMST DU MIT IN DIE DAMENUMKLEIDE?

ICH WURDE DA LETZTENS RAUSGEWORFEN.

UND BEI DEN HERREN FÜHLE ICH MICH UNWOHL.

ICH PASSE HALT NIRGENDS RICHTIG REIN.

DAHER ZIEHE ICH MICH EINFACH ZUHAUSE UM.

WEISST DU WAS? ICH MICH AUCH!

IMPRESSUM

TEXT & ILLUSTRATION: PEER JONGELING
WWW.PEERJONGELING.DE

HERAUSGEBER: JAJA VERLAG
FEIN ILLUSTRIERTE MACHWERKE
ANNETTE KÖHN
TELLSTRASSE 2
12045 BERLIN
WWW.JAJAVERLAG.COM

DRUCK: KOPA, VILNIUS, LITAUEN

ZWEITE AUFLAGE
BERLIN, MÄRZ 2021
©PEER JONGELING UND JAJA VERLAG

GEDRUCKT IN LITAUEN
ISBN 978-3-946642-87-9

11 EURO